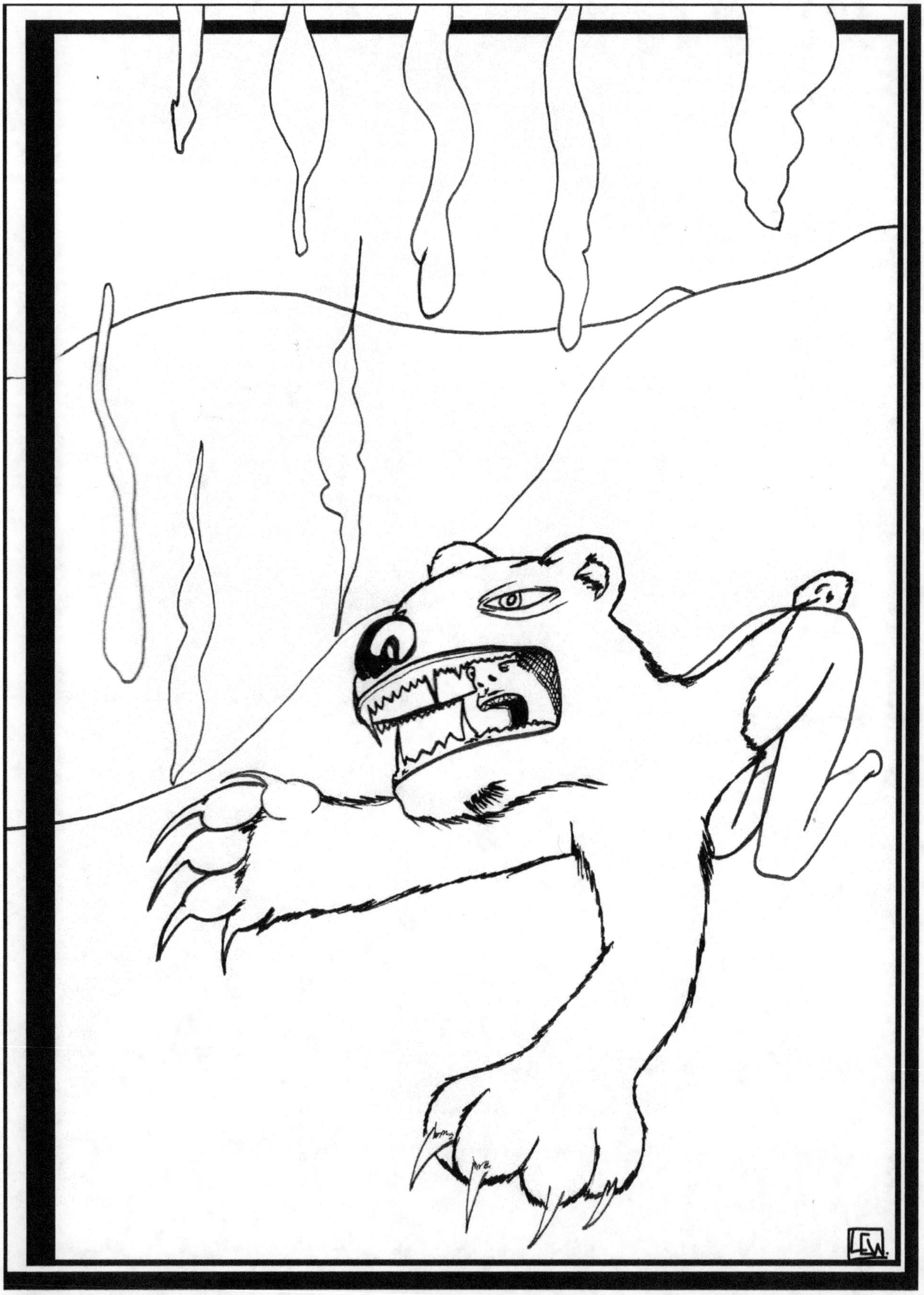

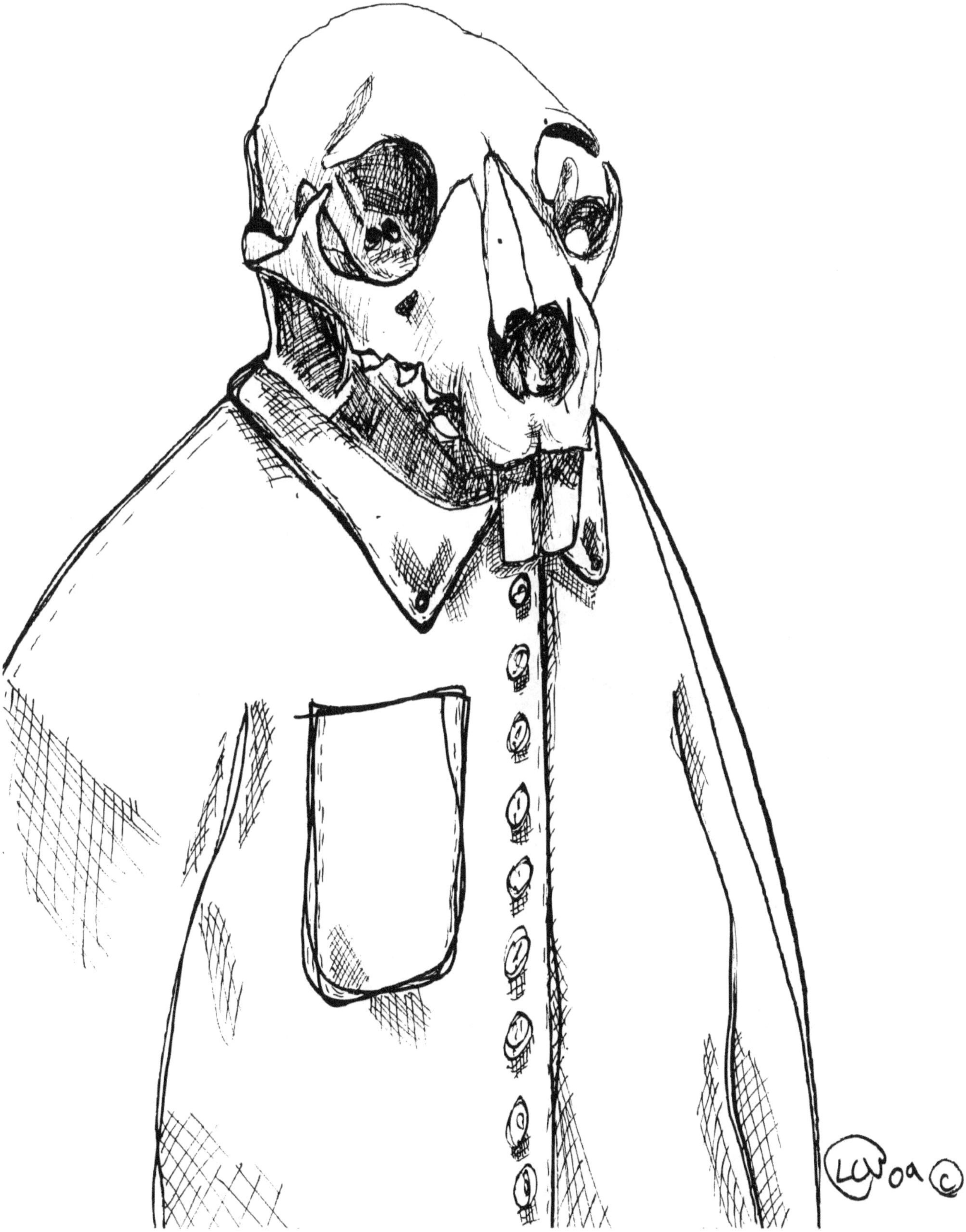
LCW 09 ©

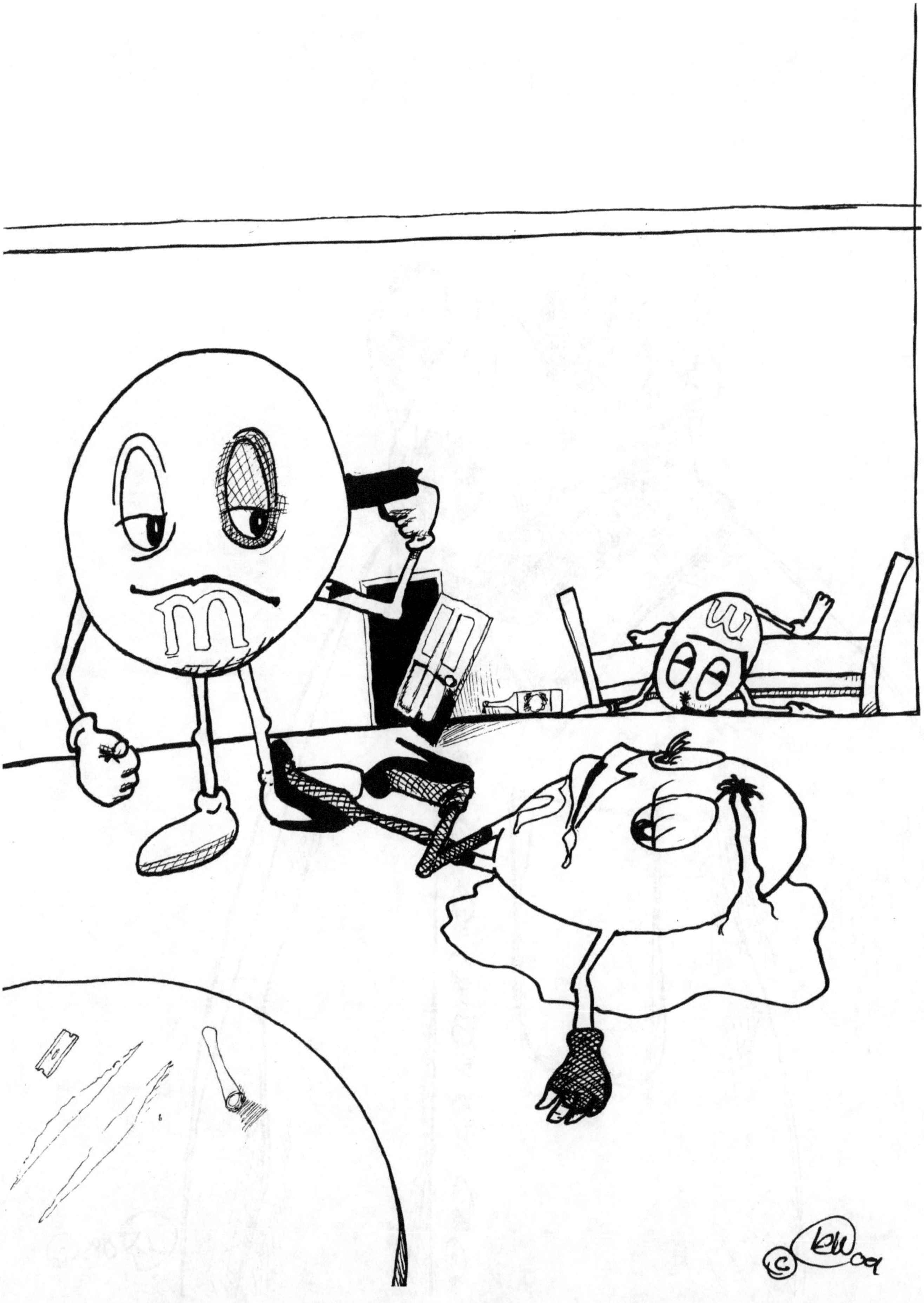

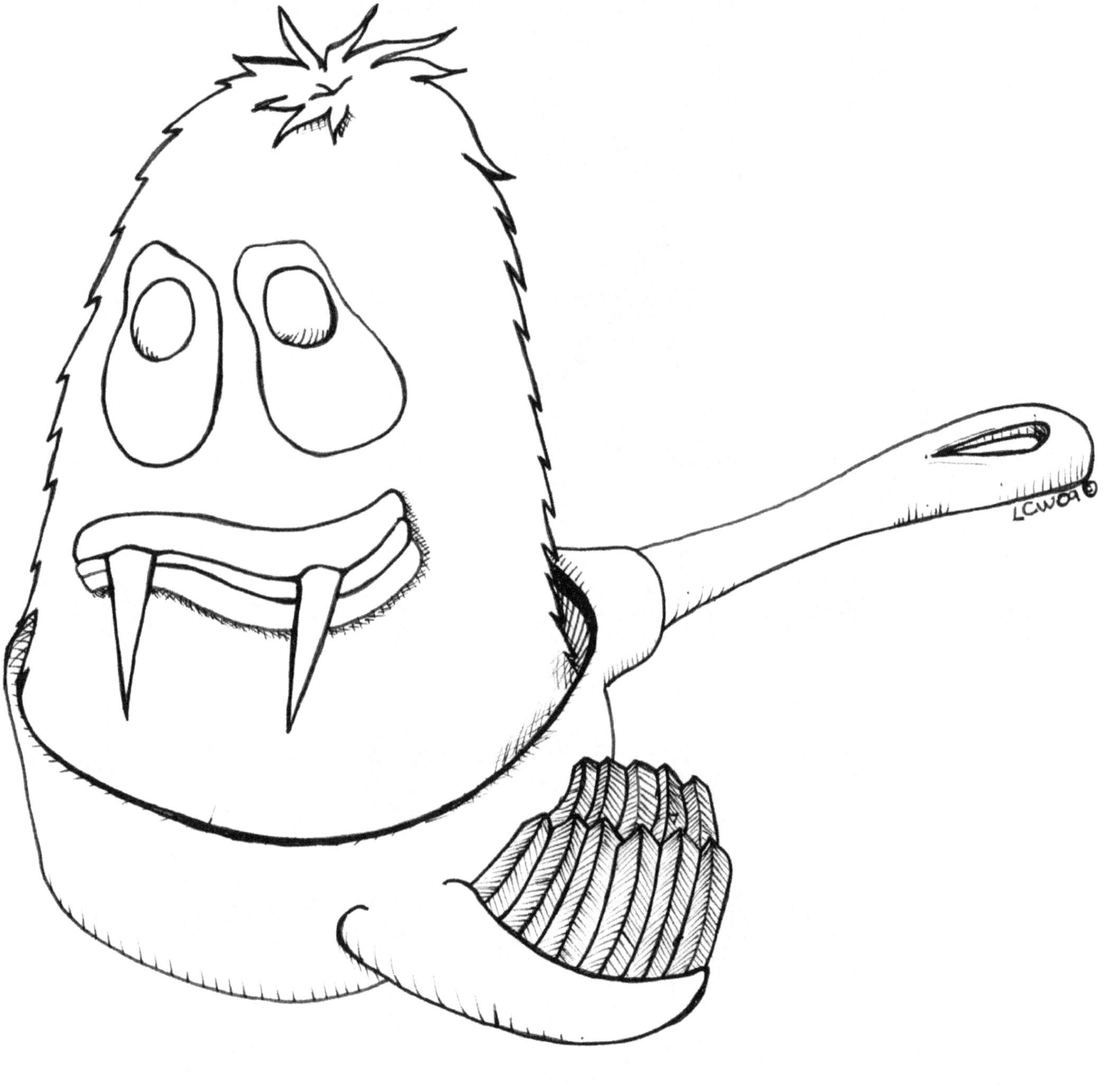
LCW09©

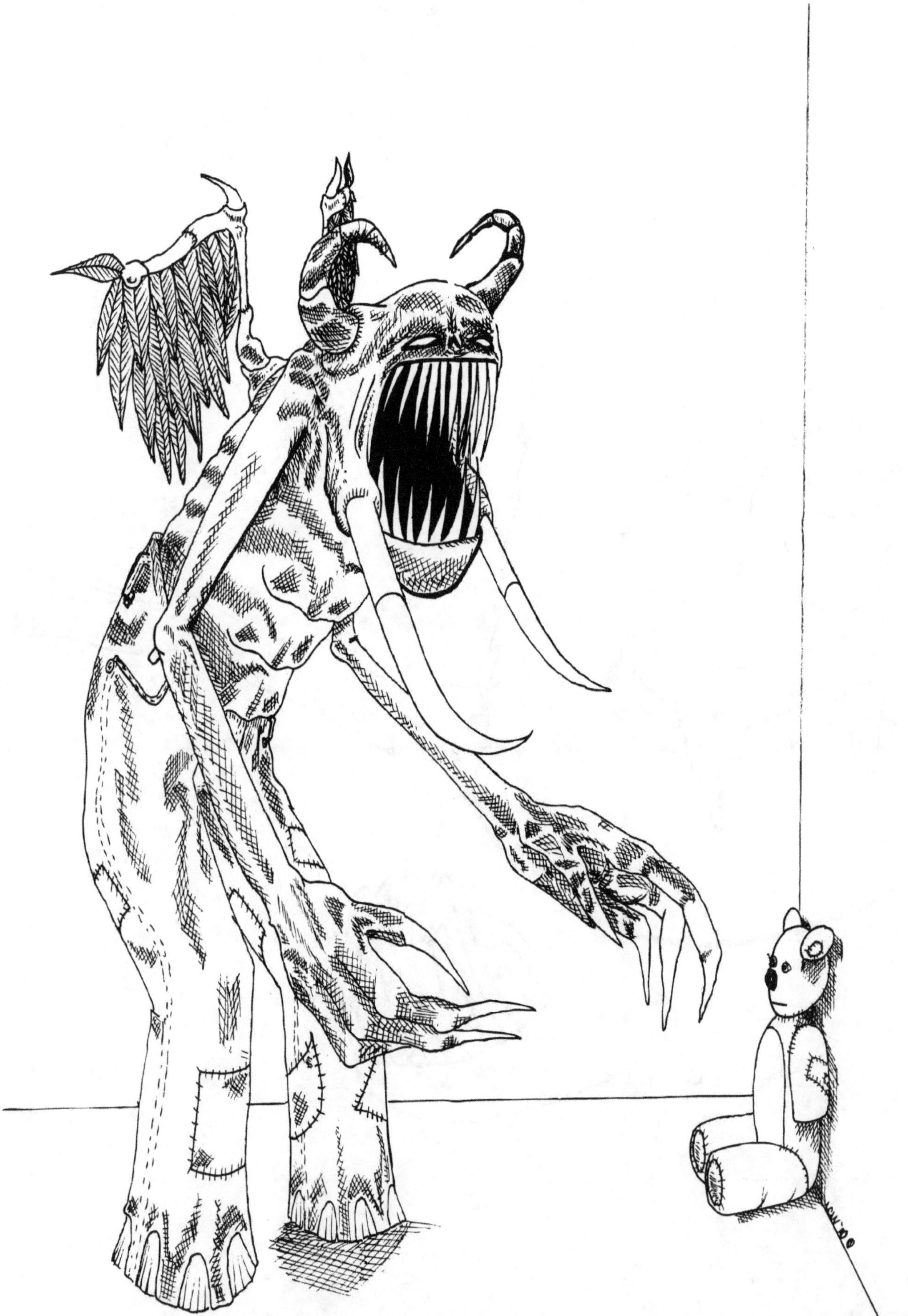

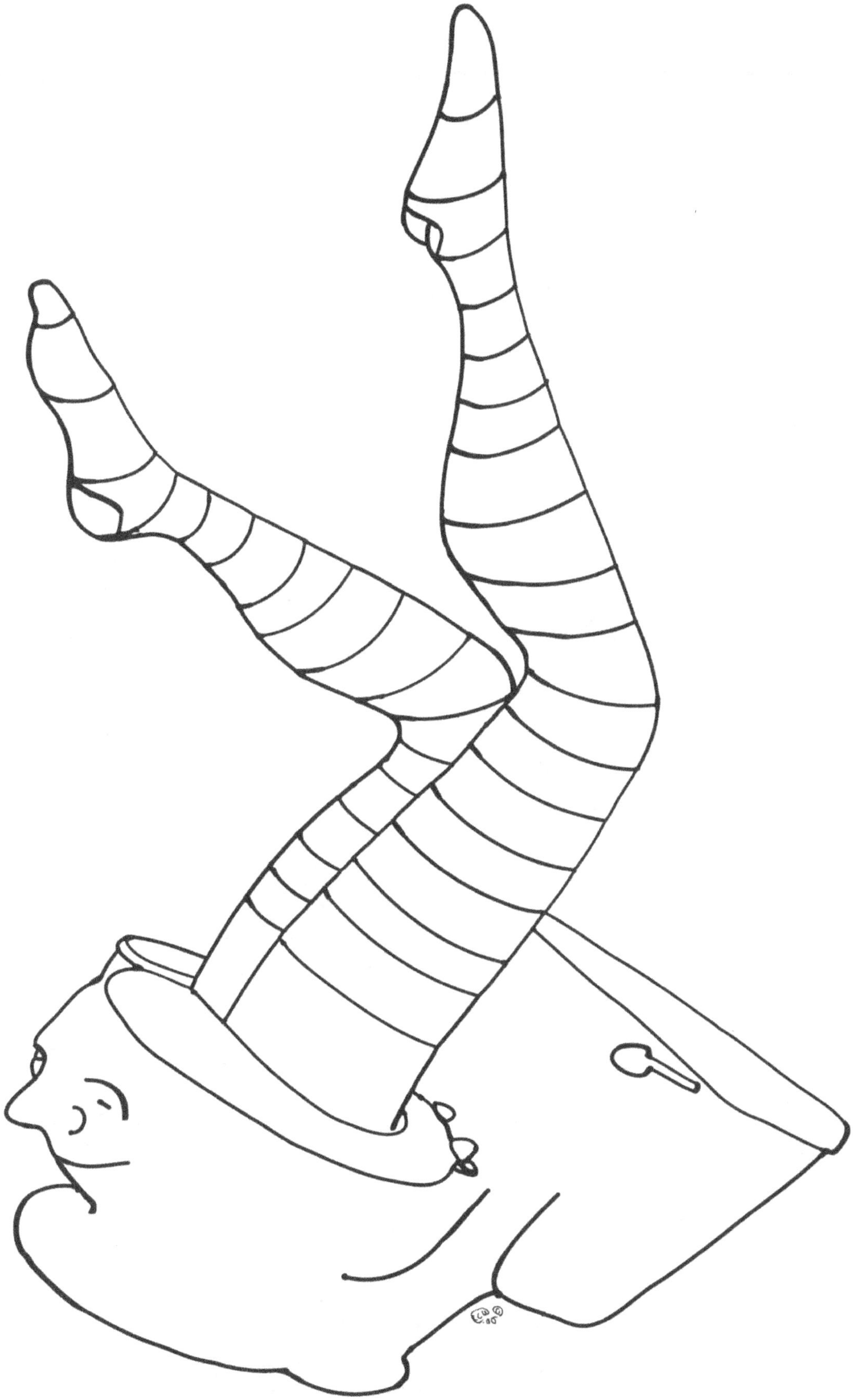

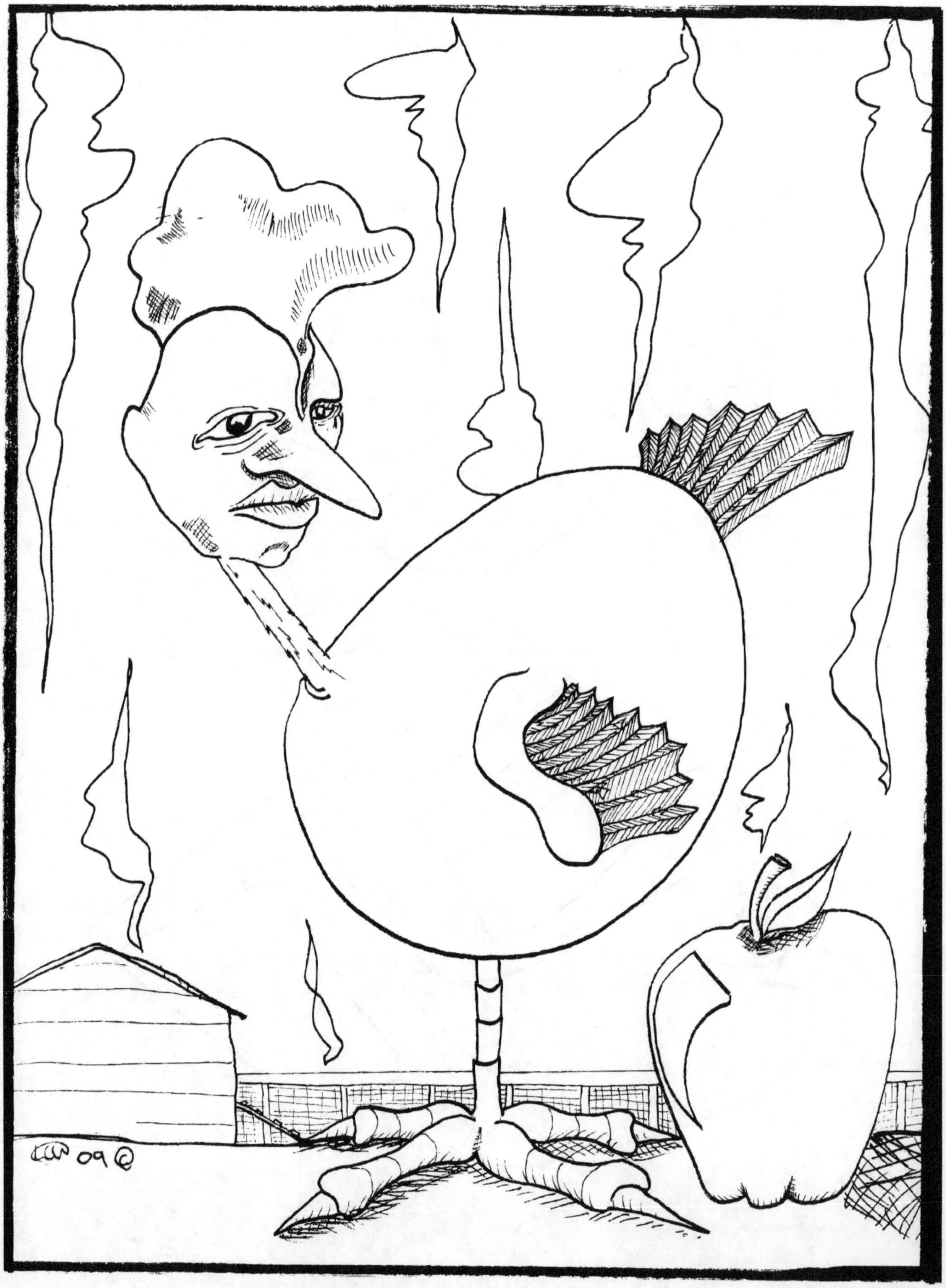

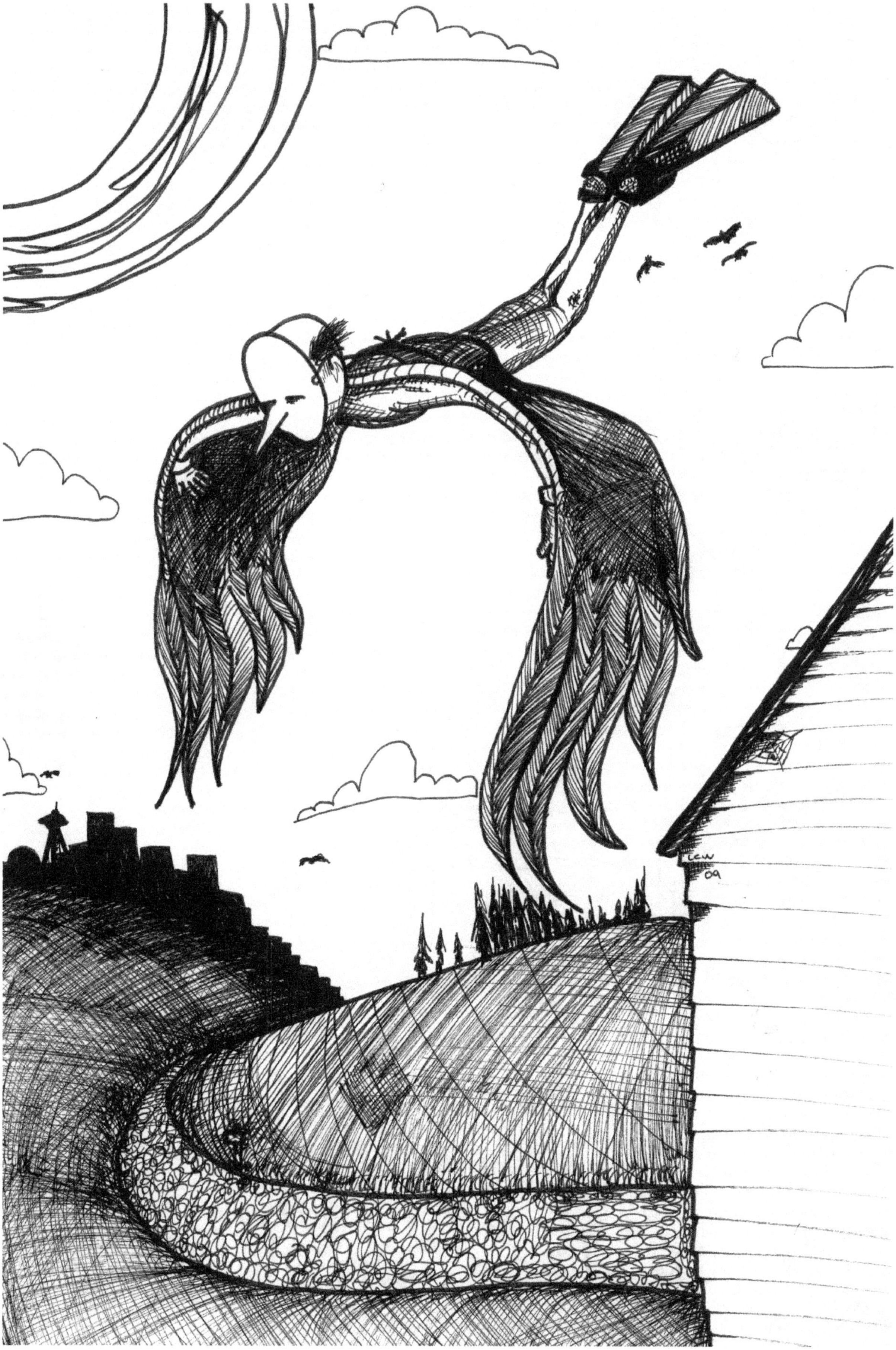
LCW
09

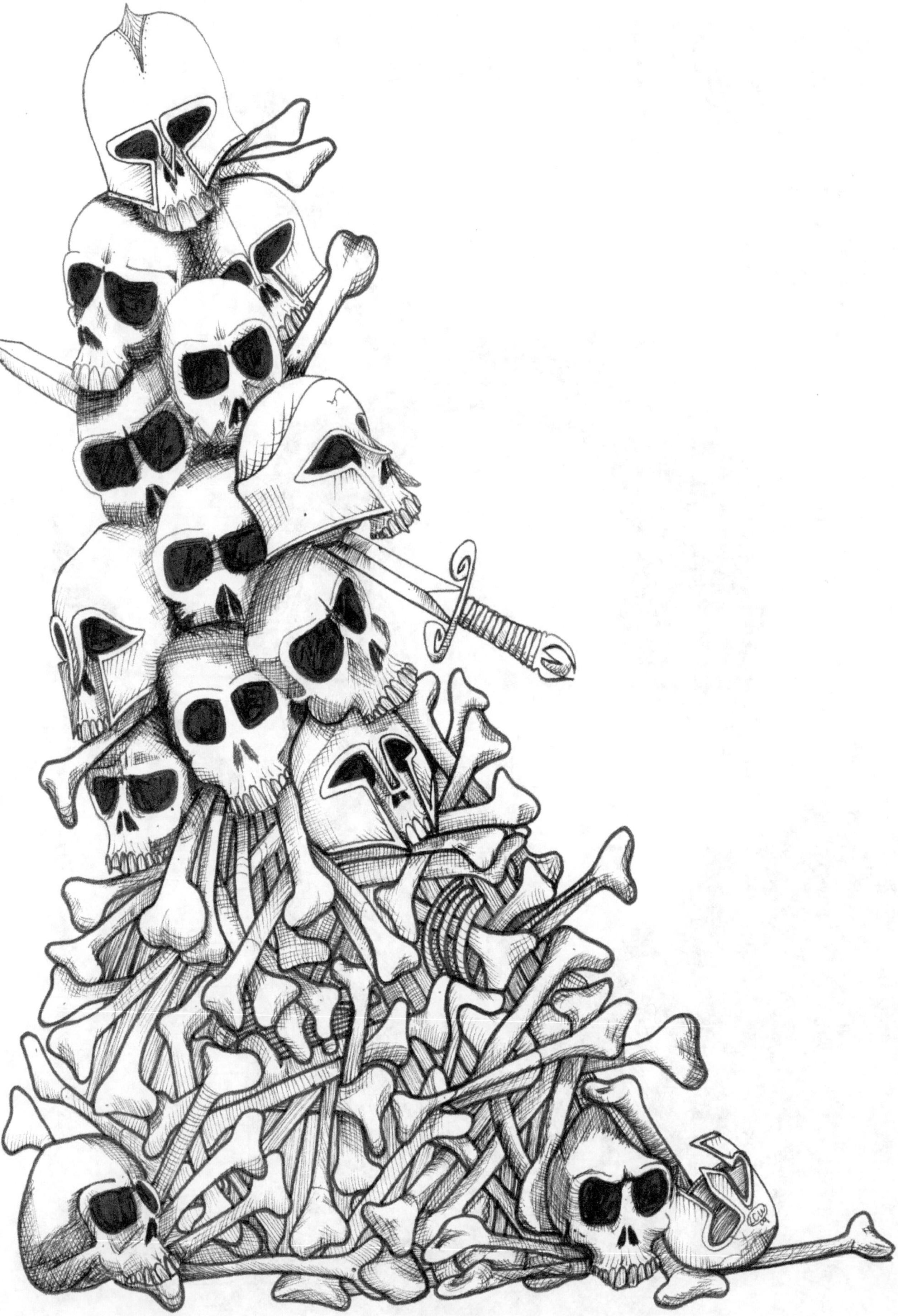

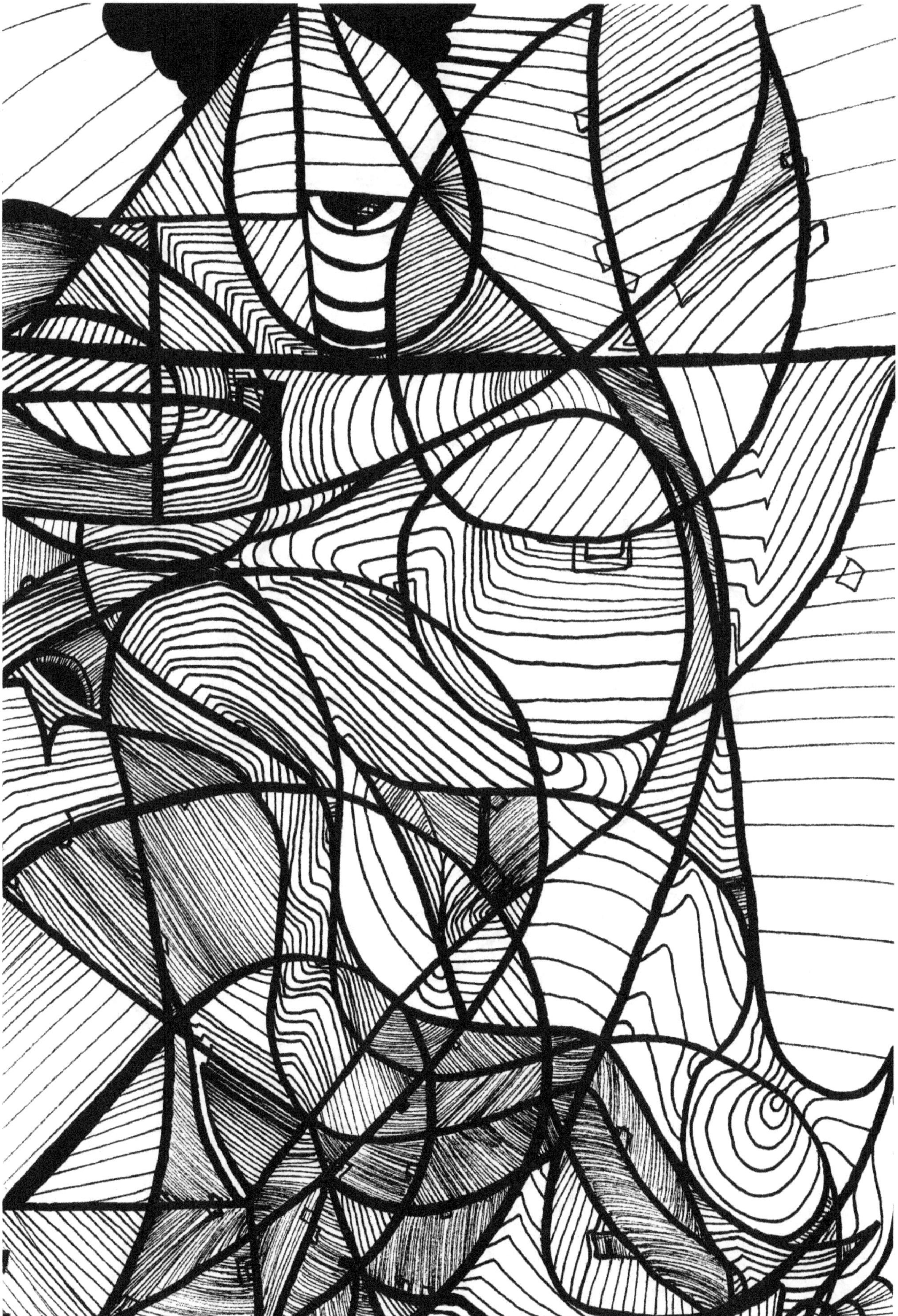

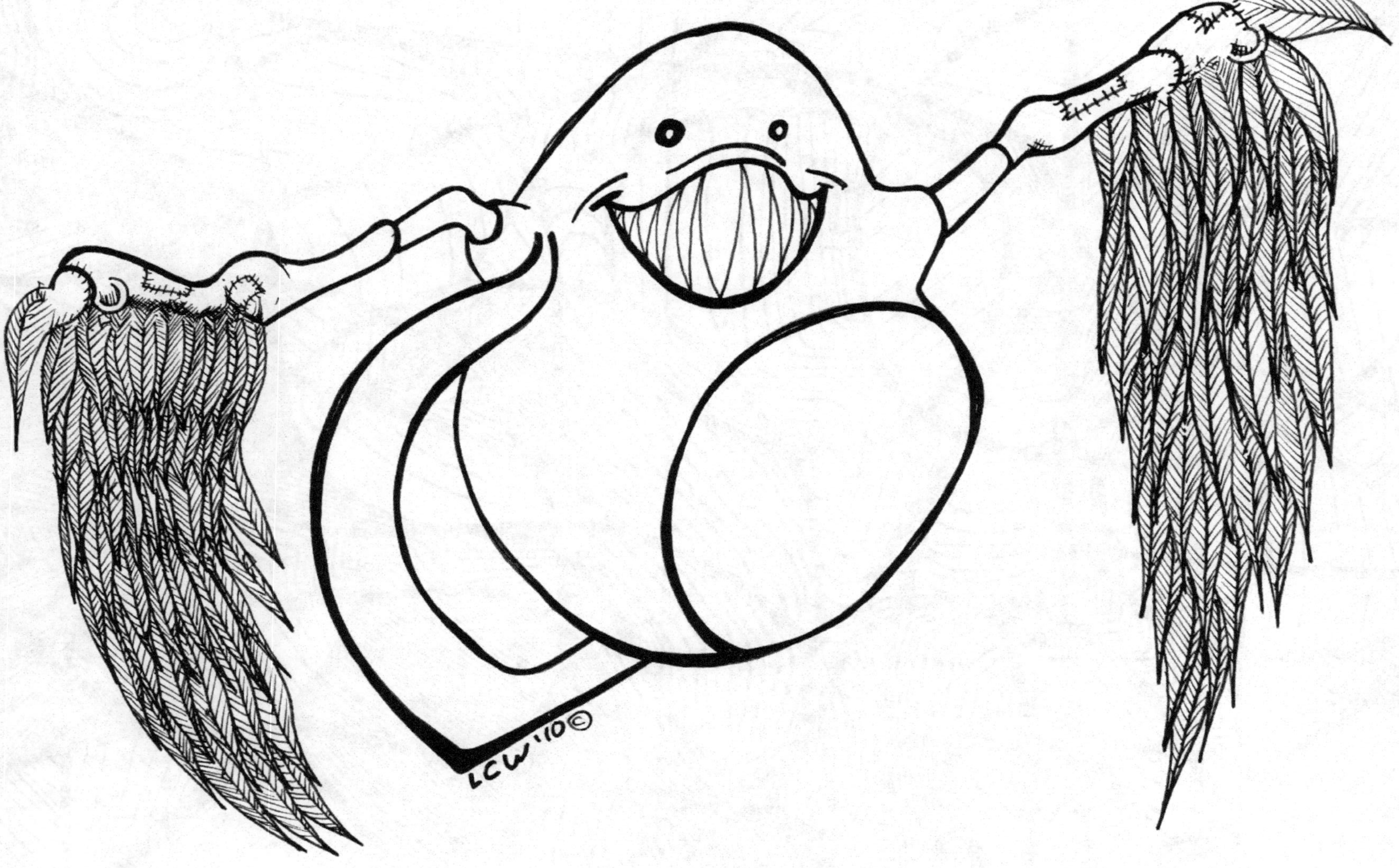
LCW '10©

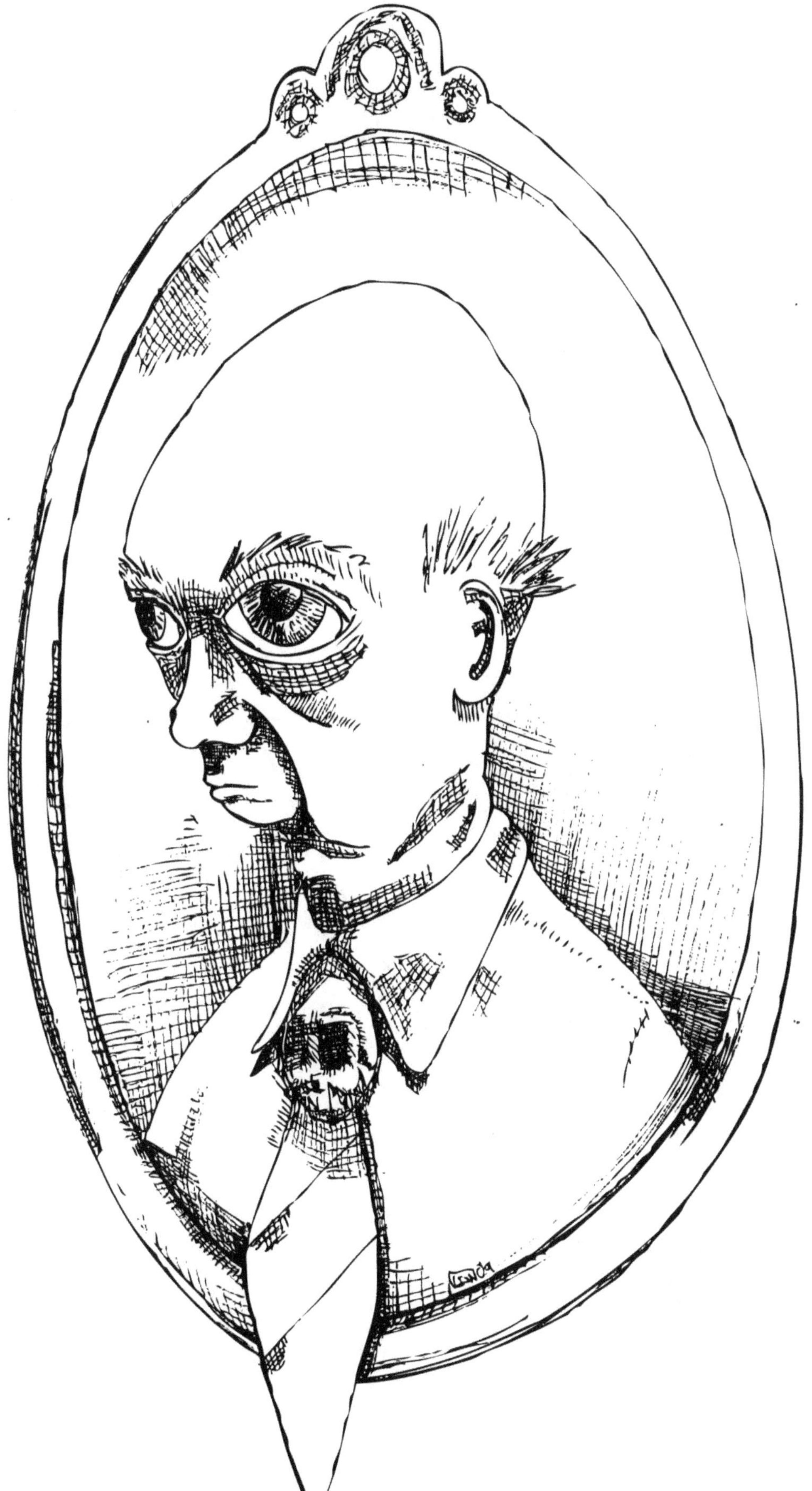

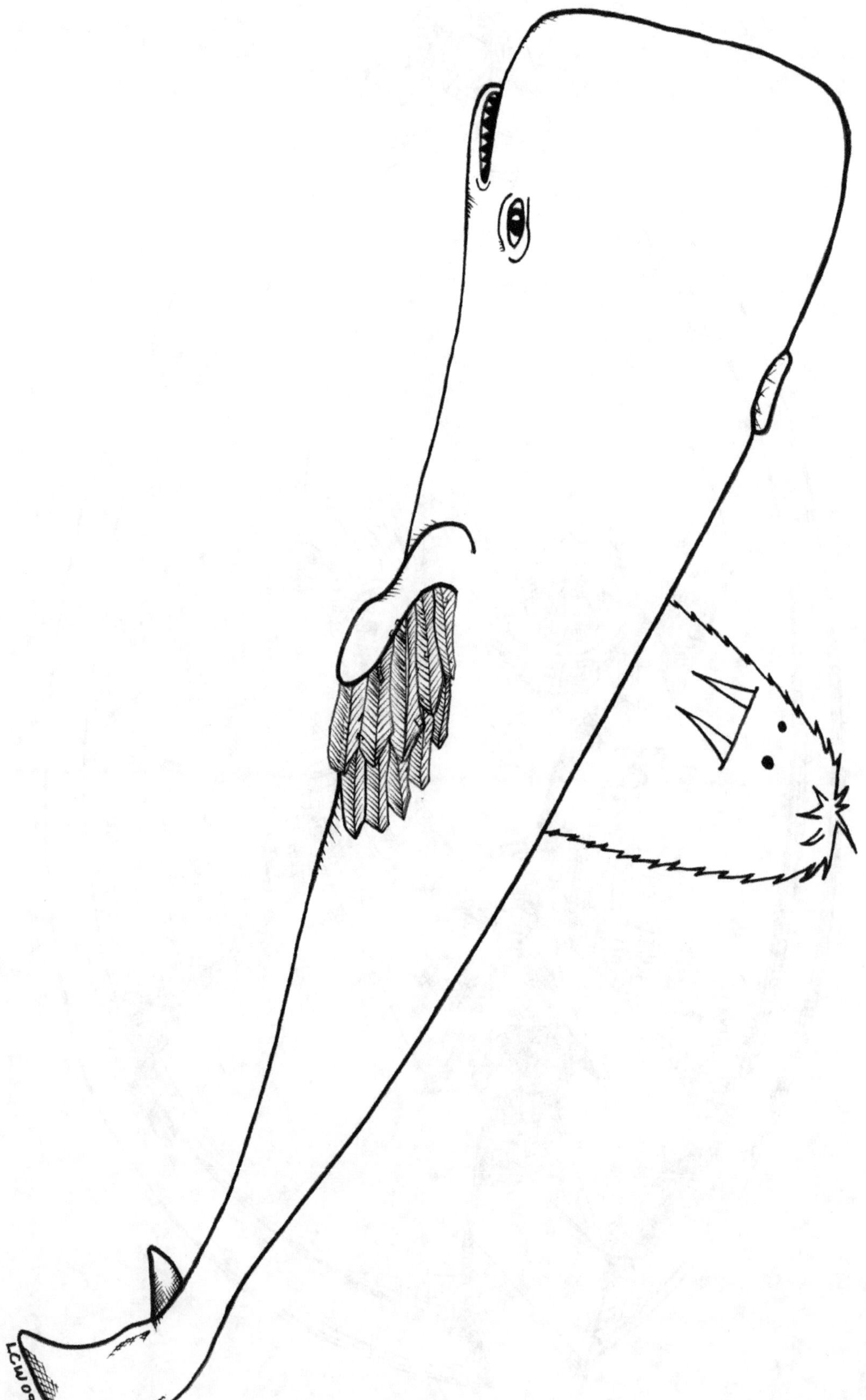
LCW09©

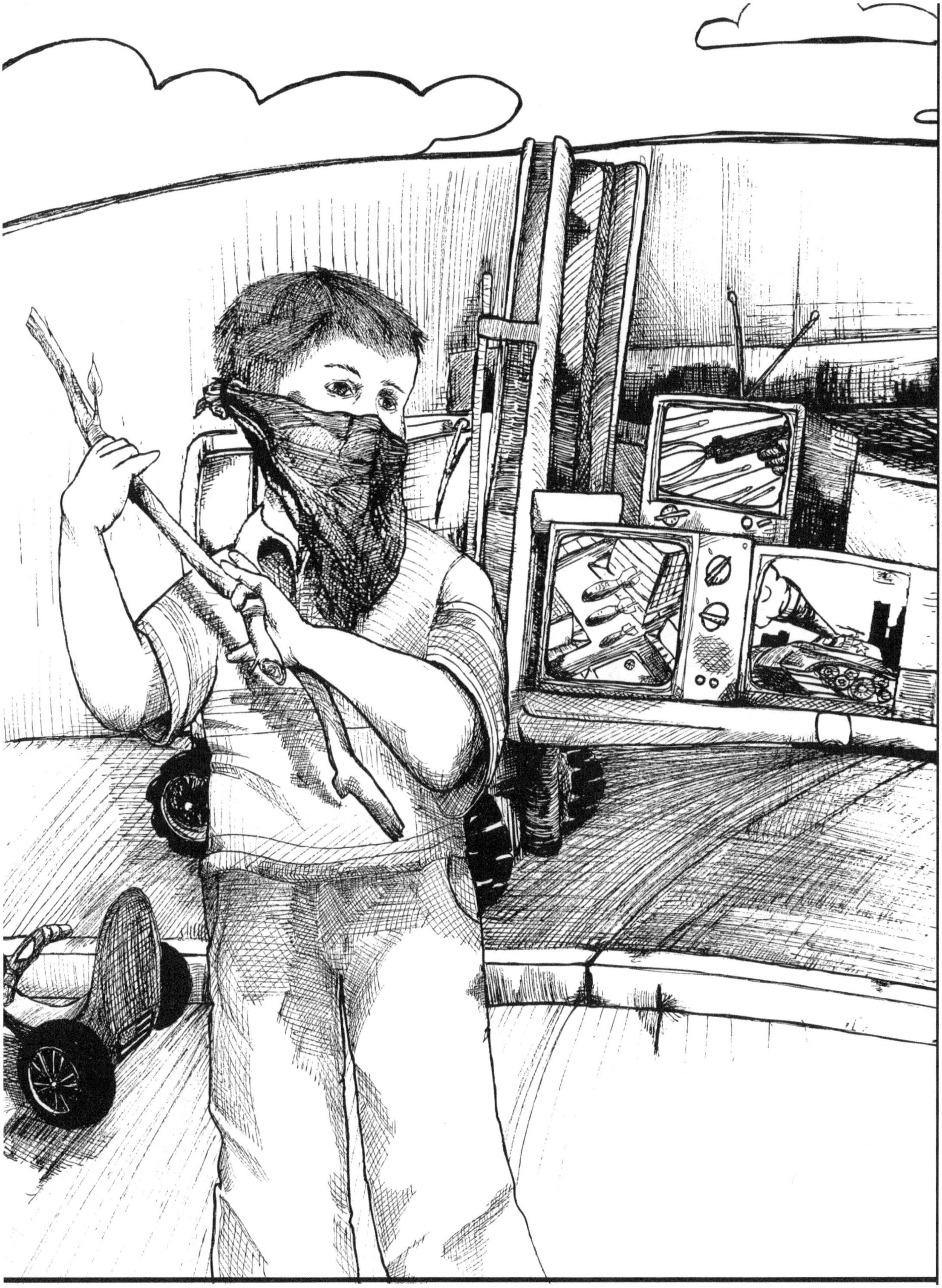

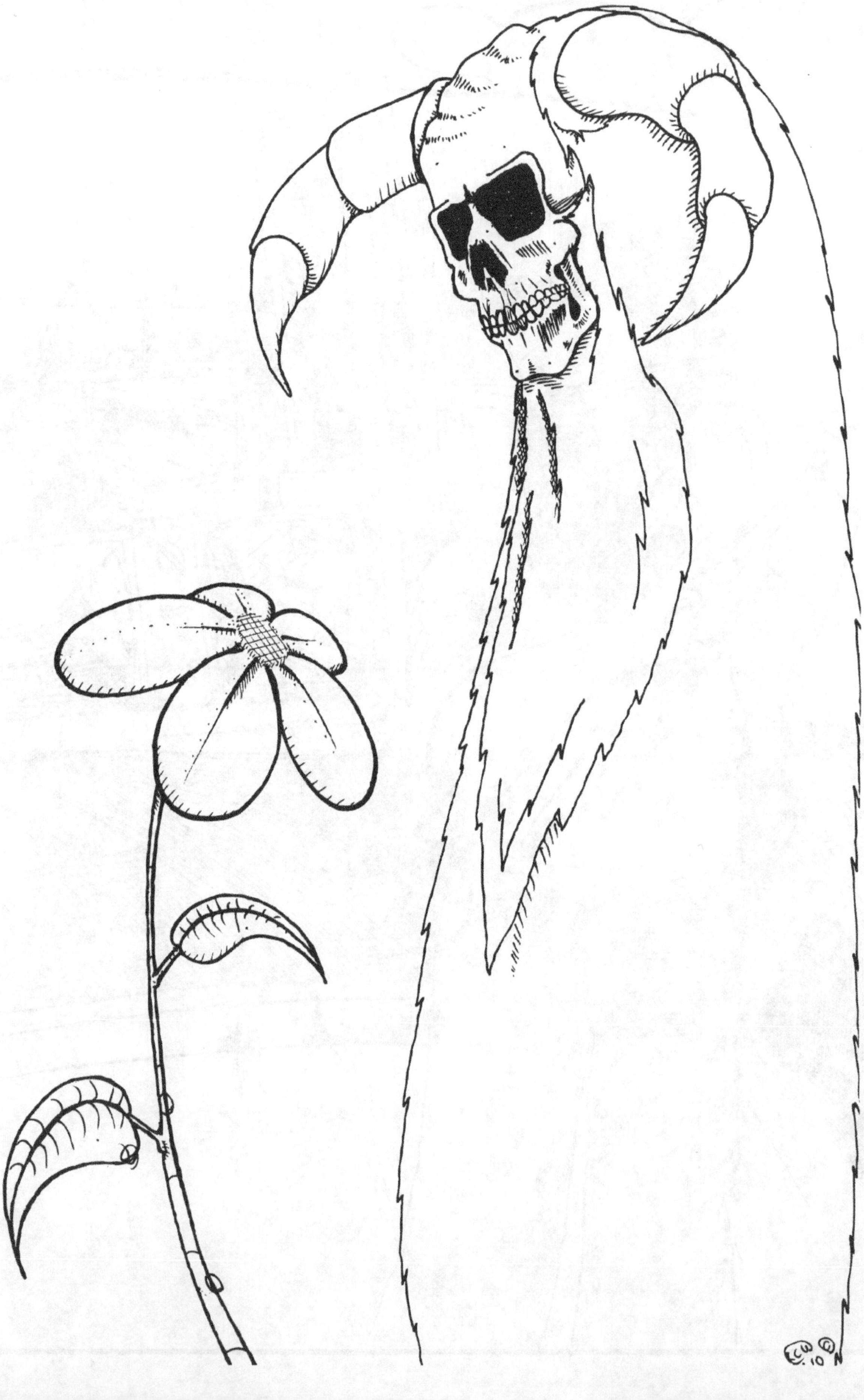

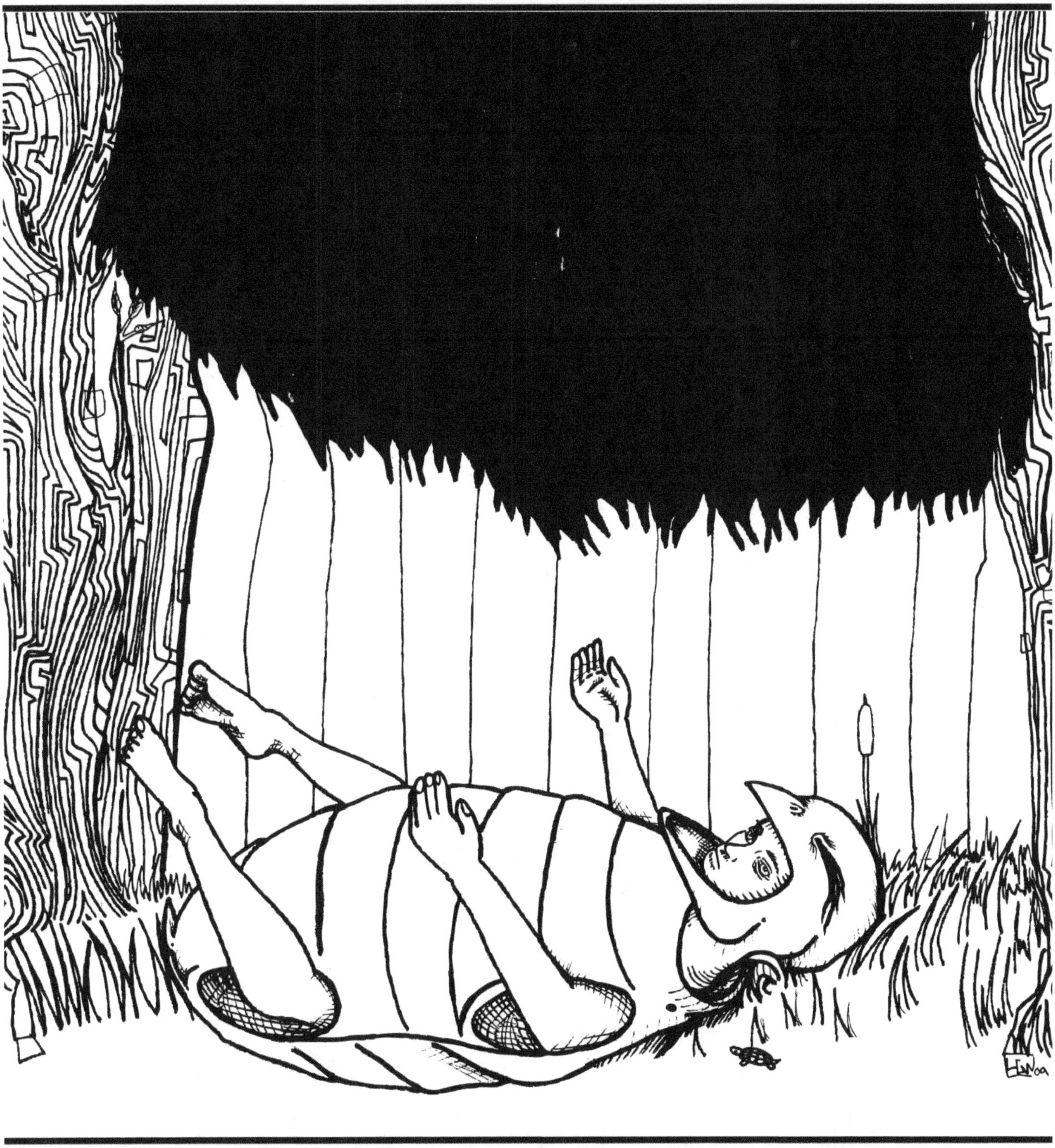

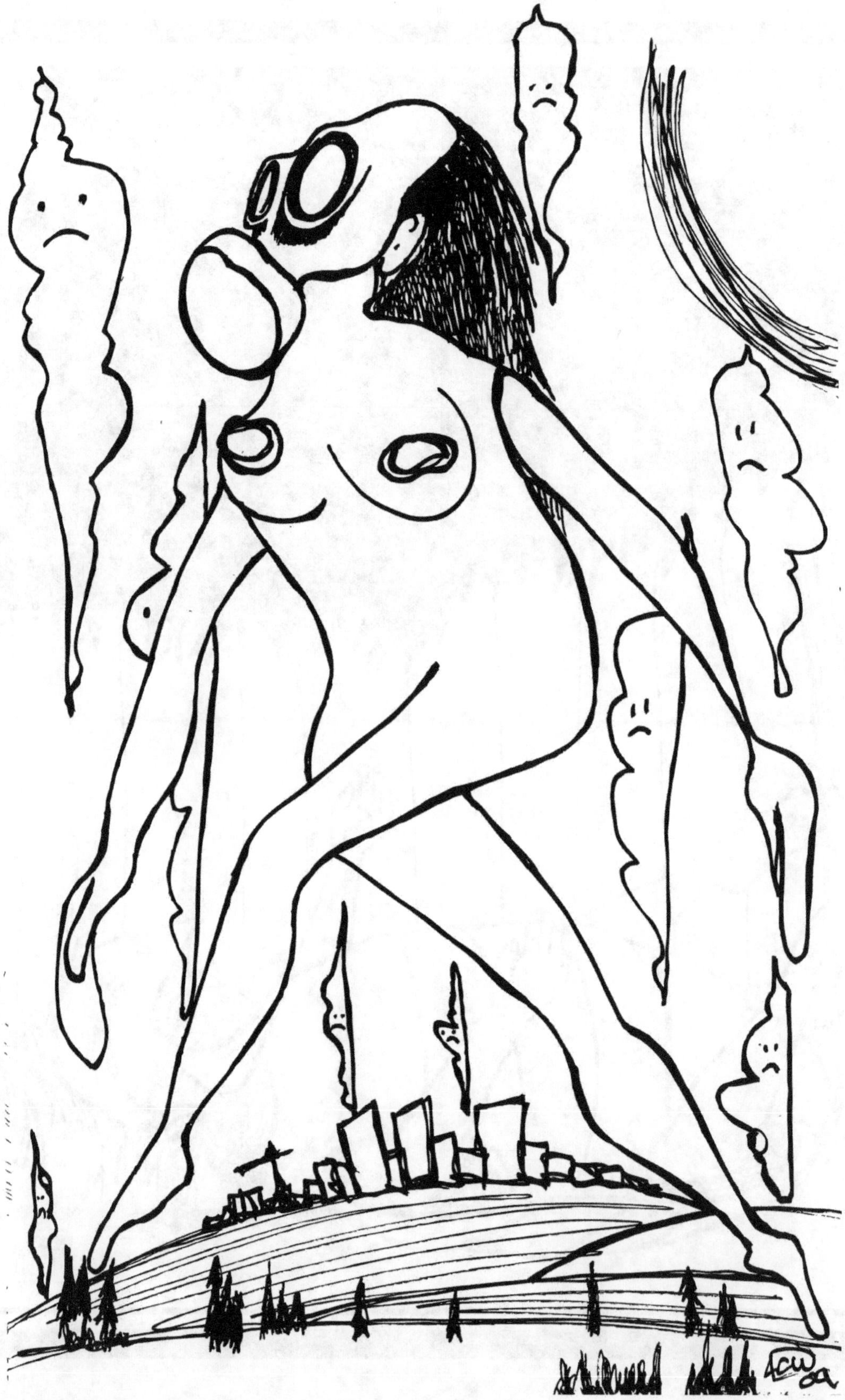

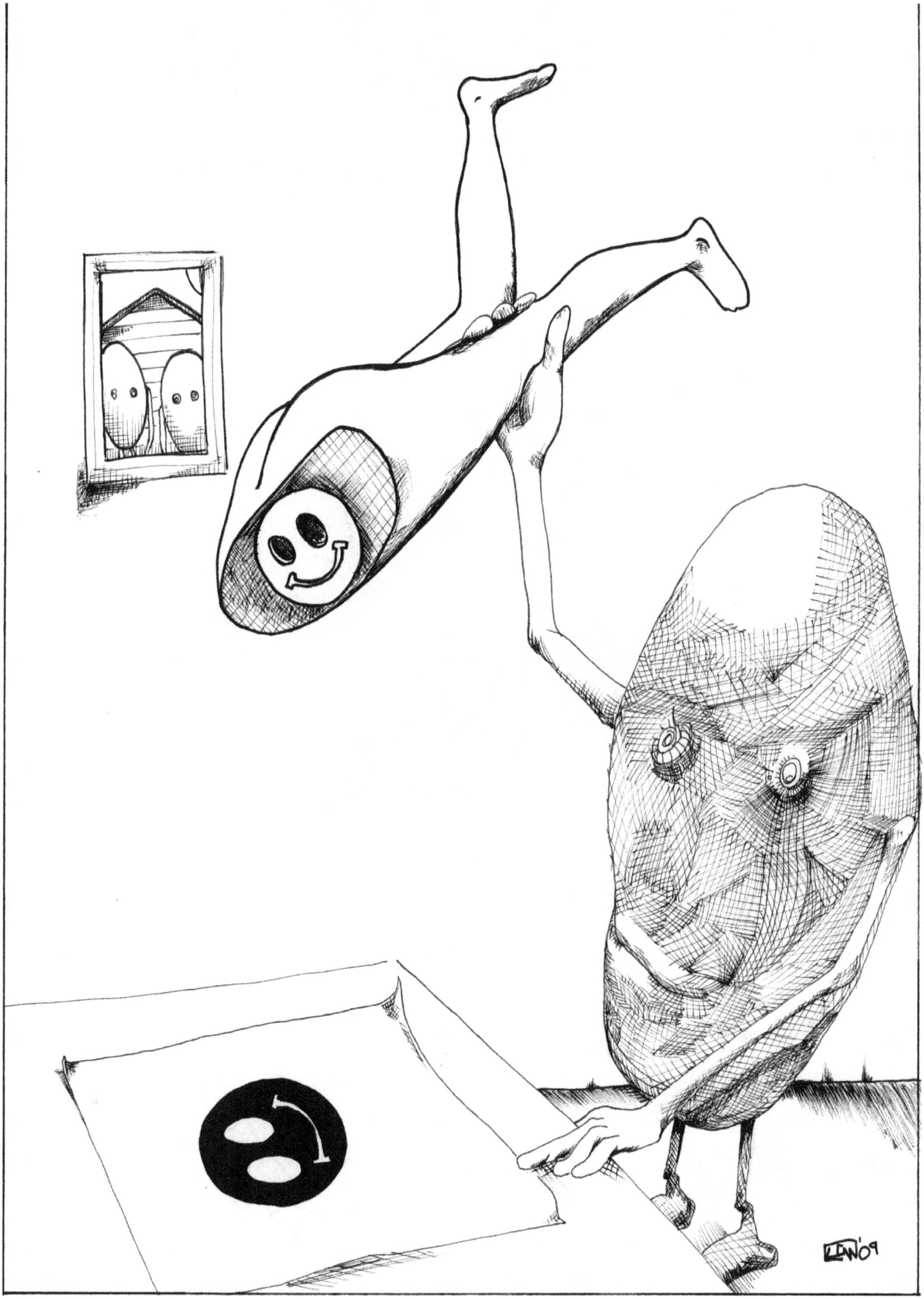

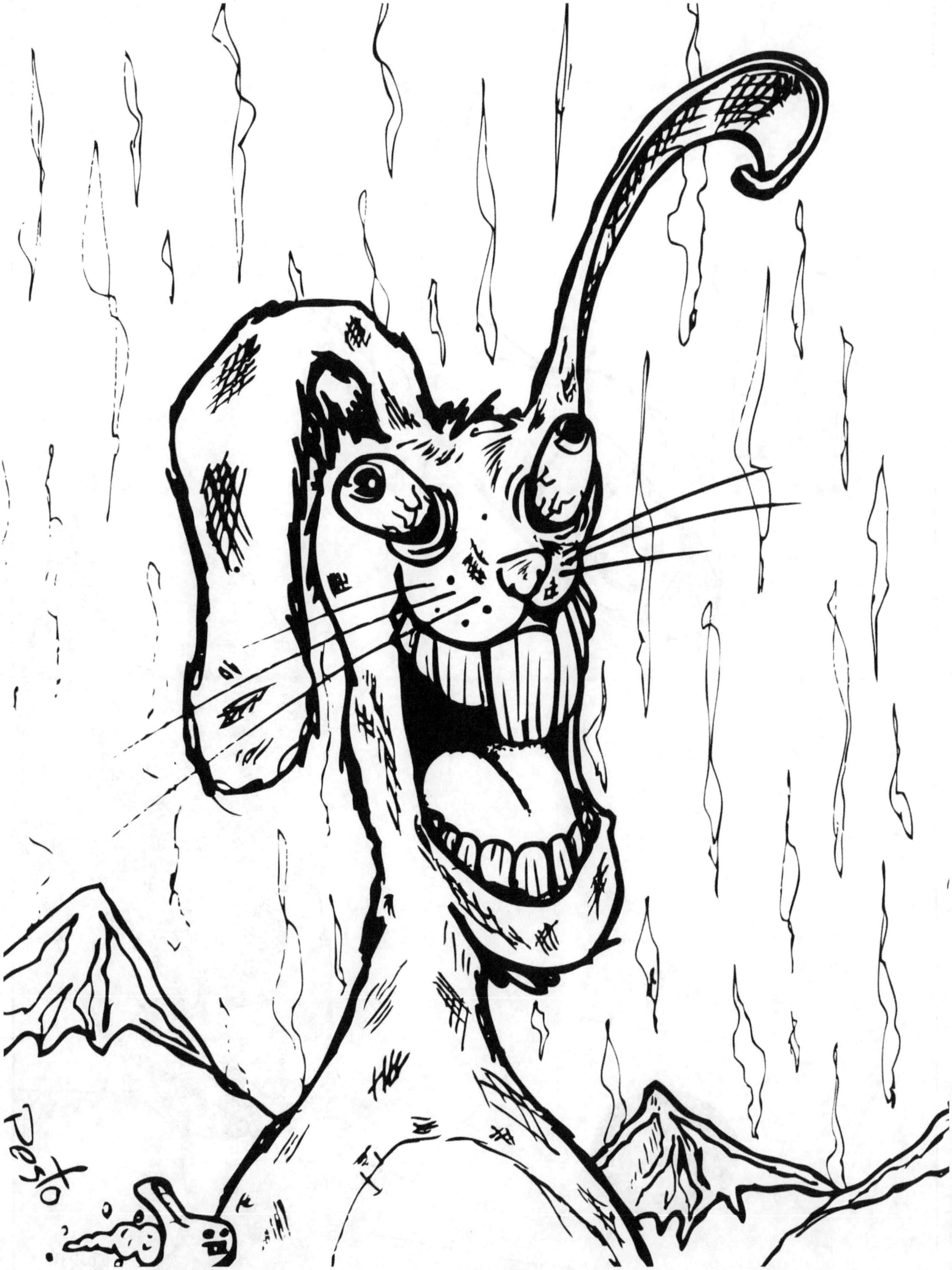
Pesto

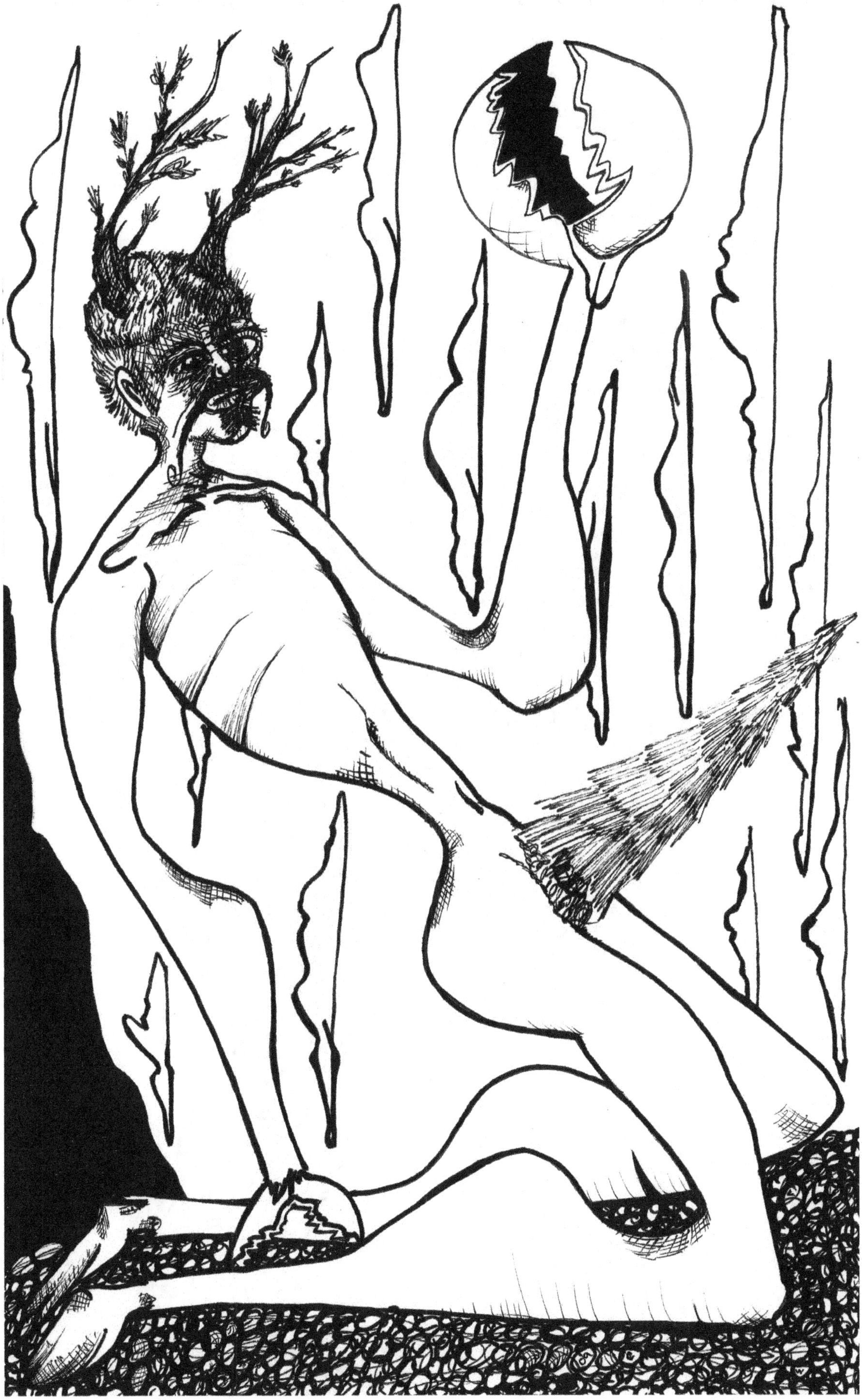

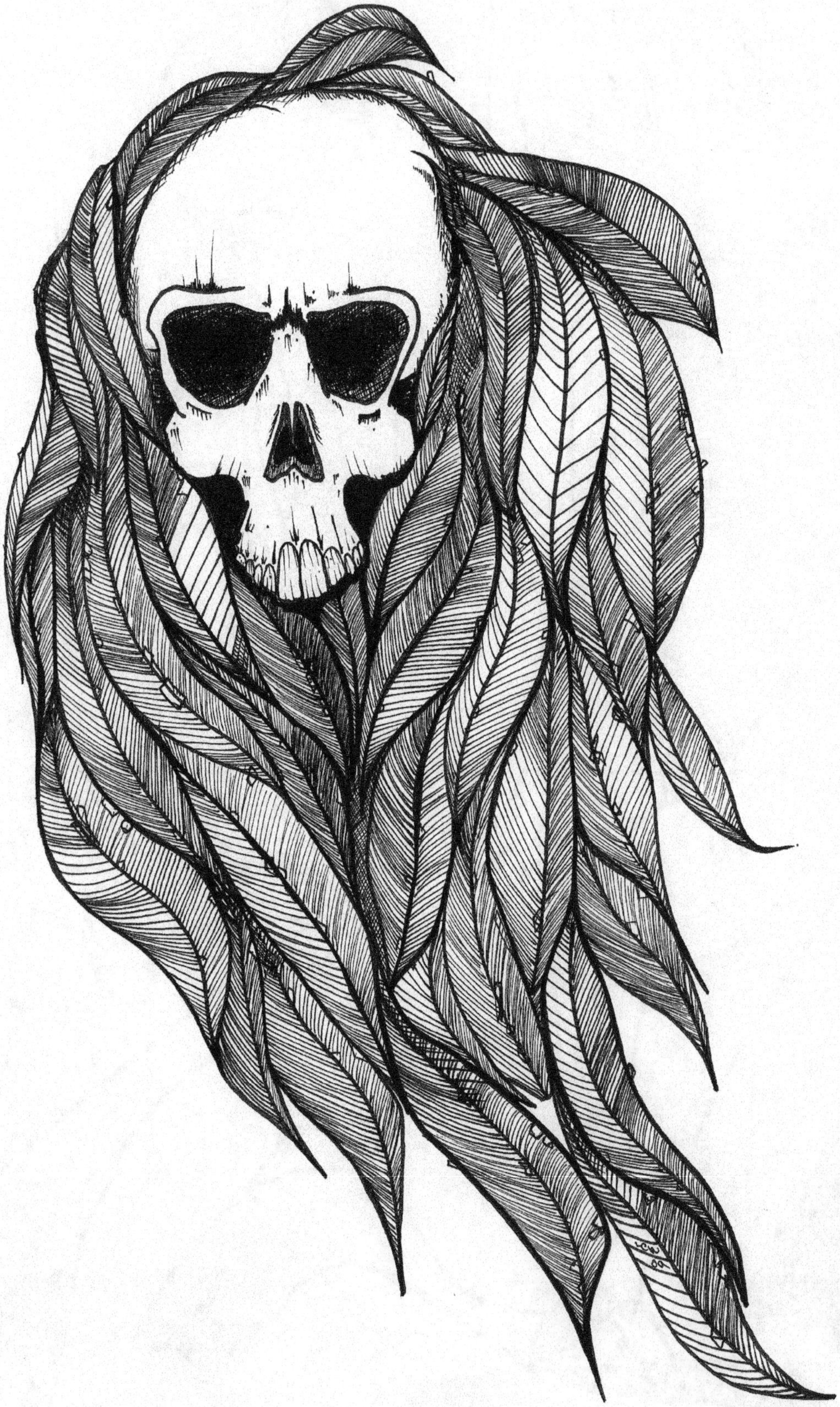

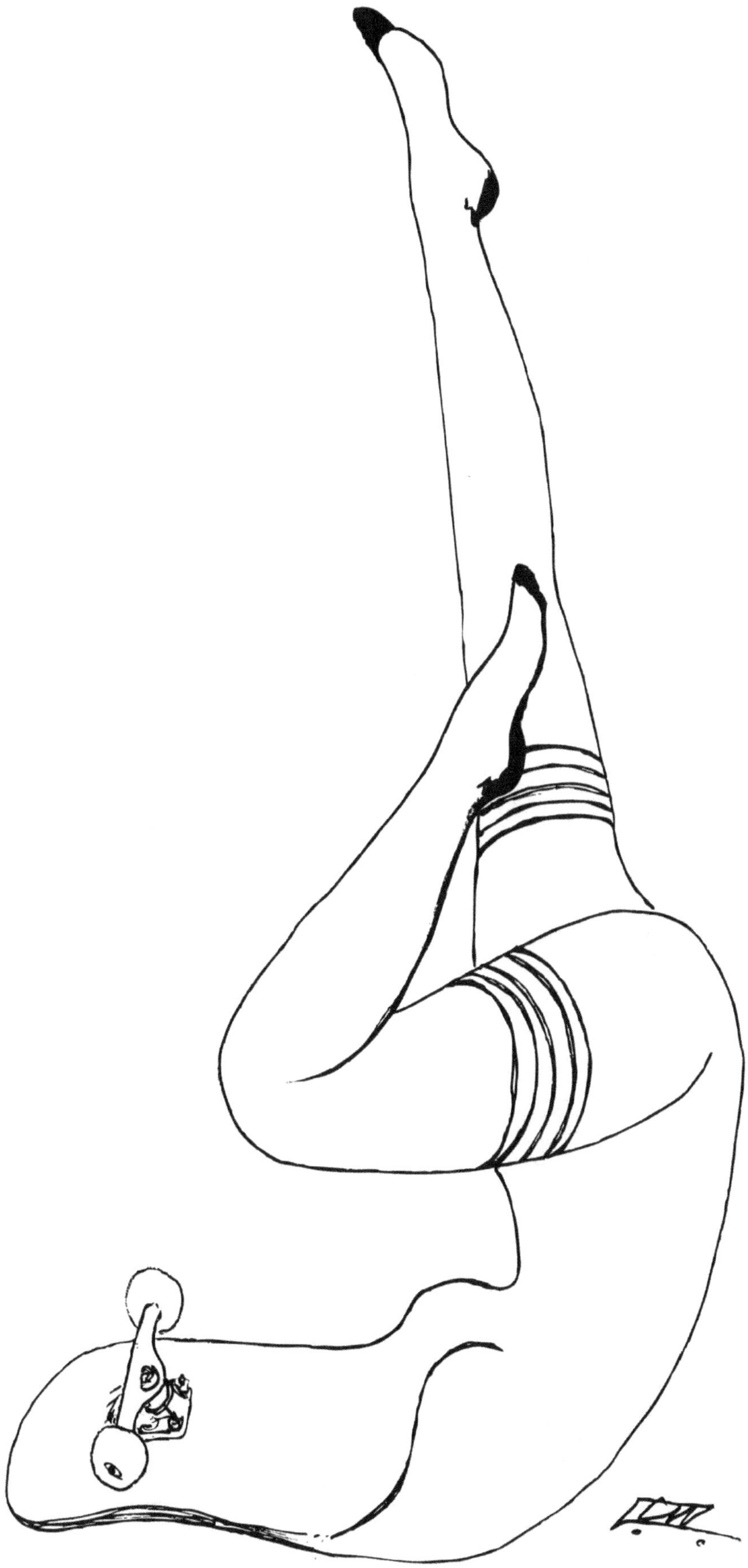

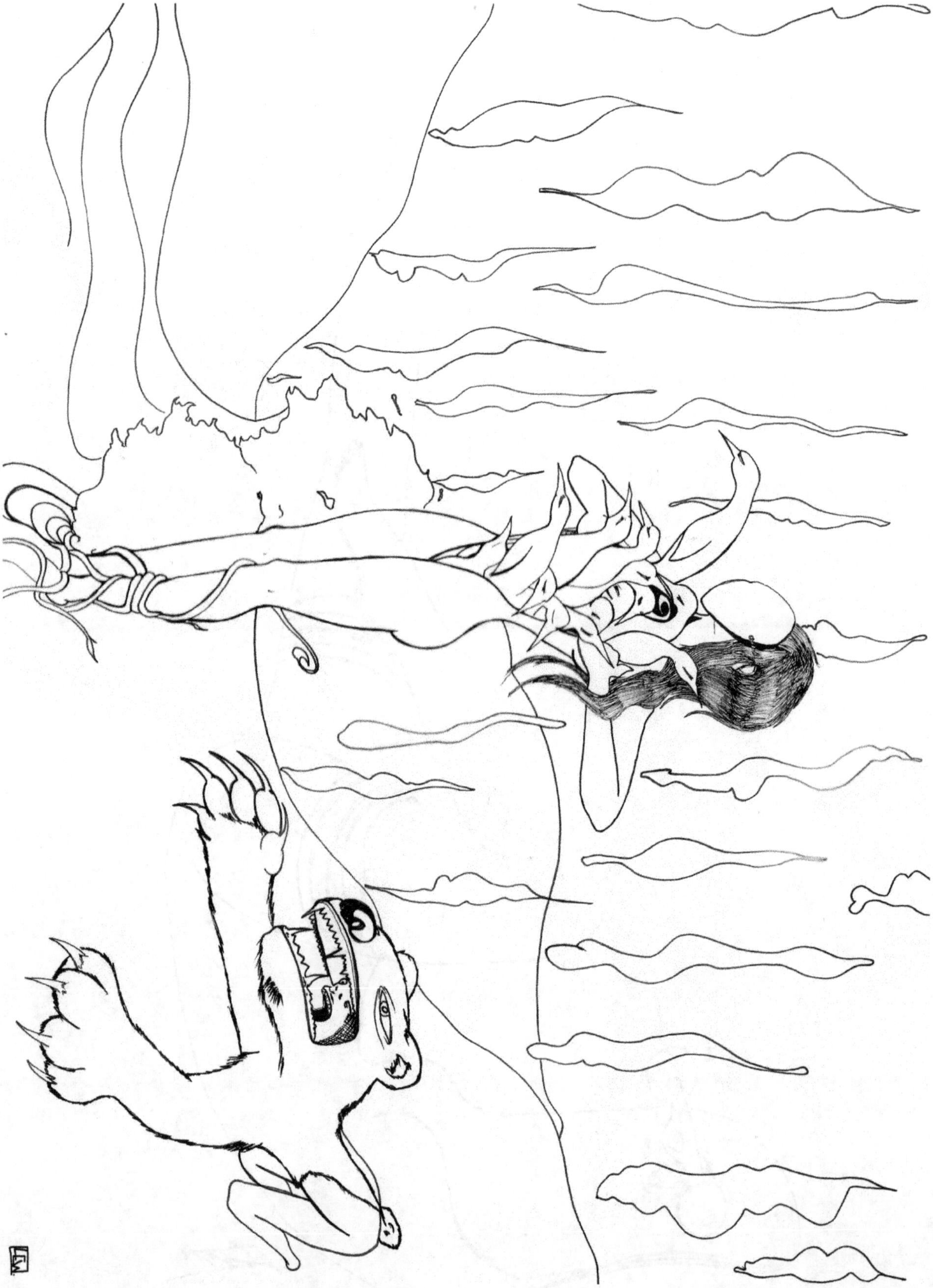

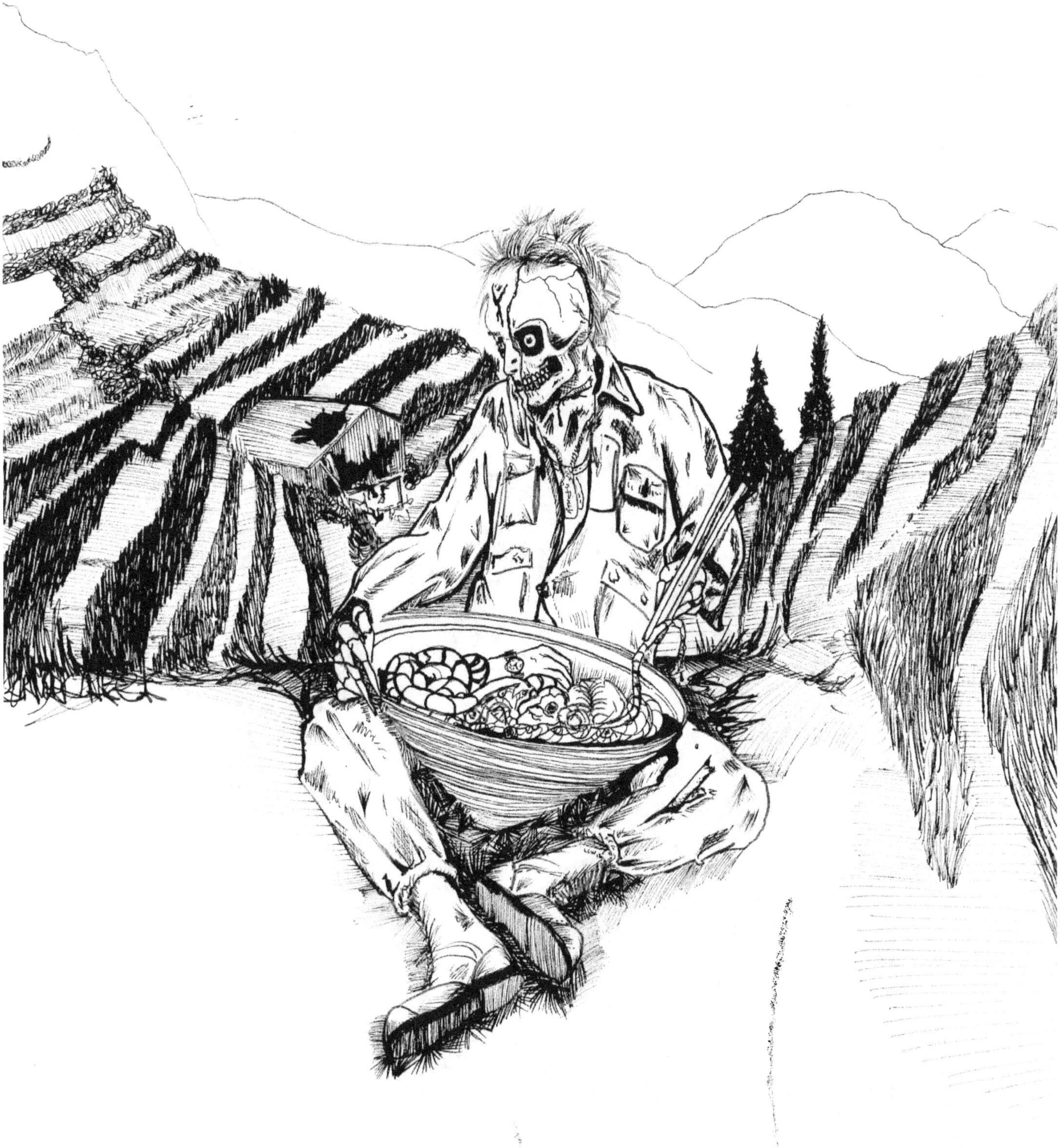

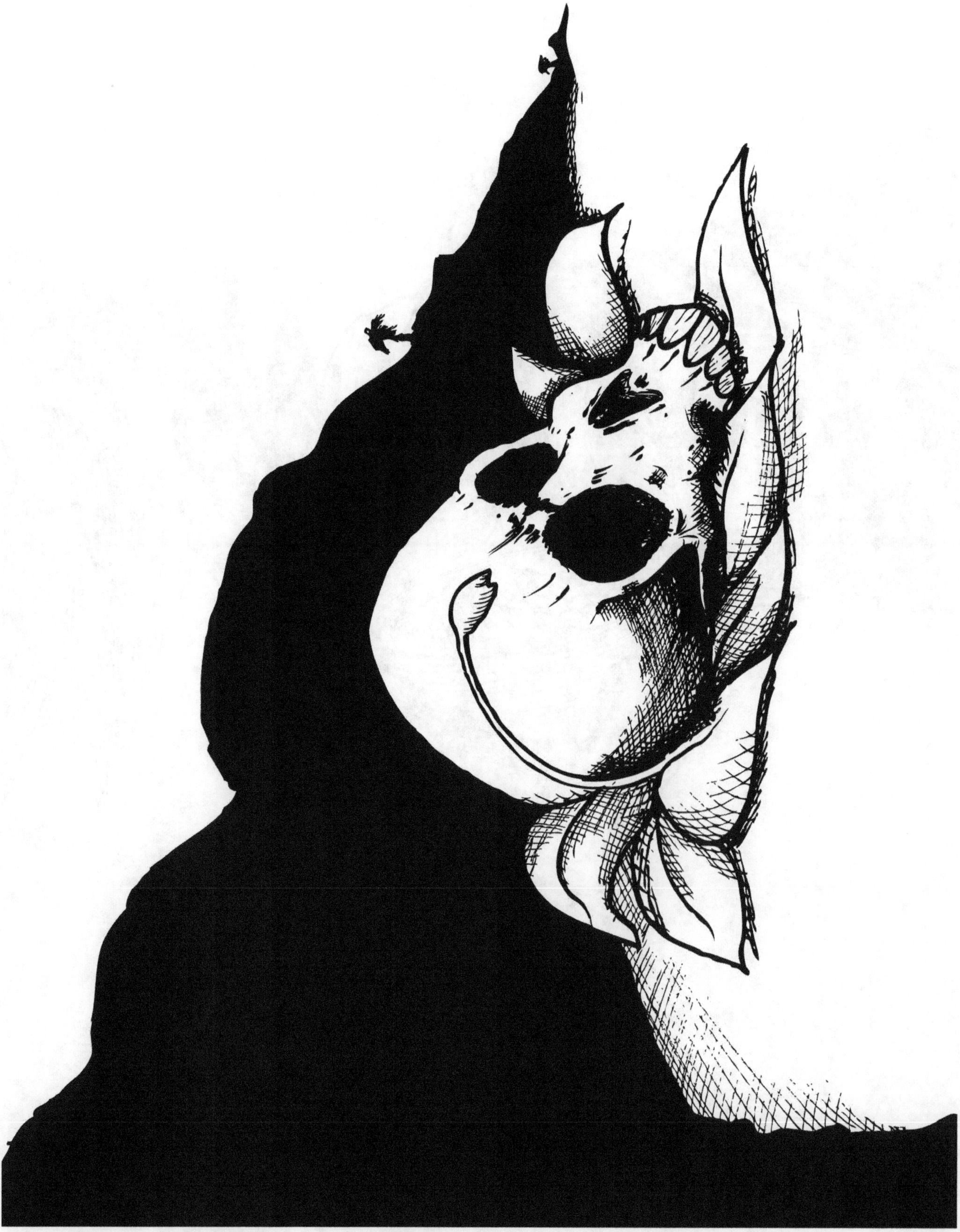

All illustrations by: Lawrence C. White.

www.ingramcontent.com/pod-product-compliance
Lightning Source LLC
Chambersburg PA
CBHW080628180526
45168CB00007B/3088